Frei Luiz Turra

Cura-me, Senhor, e serei curado!

Programas Radiofônicos

Dados Internacionais de Catalogação na Publicação (CIP)
(Câmara Brasileira do Livro, SP, Brasil)

Turra, Luiz
"Cura-me, Senhor, e serei curado!" : programas radiofônicos / Frei Luiz Turra. – São Paulo : Paulinas, 2011. – (Coleção amor e amor)

Inclui CD.
ISBN 978-85-356-2866-1

1. Cura pela fé 2. Espiritualidade 3. Exercícios de devoção 4. Oração 5. Rádio - Programas I. Título. II. Série.

11-08968   CDD-791.4472

Índice para catálogo sistemático:
1. Cura pela fé : Cristianismo : Programas de rádio 791.4472

1ª edição – 2011
1ª reimpressão – 2012

Ficha técnica – Livro

Direção-geral: *Bernadete Boff*
Editora e organizadora: *Noemi Dariva*
Copidesque: *Leonilda Menossi*
Gerente de produção: *Felício Calegaro Neto*
Capa e editoração: *Telma Custódio*

Ficha técnica – CD

Produção fonográfica: *Paulinas-COMEP*
Coordenação de produção: *Eliane De Prá*
Locuções: *Gilson Dutra e Rita Kfouri*
Gravação: *Alexandre Soares*
Assistente de estúdio: *Vanderlei Pena*
Mixagem e masterização: *Alexandre Soares*

MÚSICAS DO CD *Cura-me Senhor e serei curado*
Frei Luiz Turra – Paulinas-Comep

Nenhuma parte desta obra poderá ser reproduzida ou transmitida por qualquer forma e/ou quaisquer meios (eletrônico ou mecânico, incluindo fotocópia e gravação) ou arquivada em qualquer sistema ou banco de dados sem permissão escrita da Editora. Direitos reservados.

Paulinas Editora
Rua Dona Inácia Uchoa, 62
04110-020 – São Paulo – SP (Brasil)
Tel.: (11) 2125-3500
http://www.paulinas.org.br – editora@paulinas.com.br
Telemarketing e SAC: 0800-7010081
© Pia Sociedade Filhas de São Paulo – São Paulo, 2011

Paulinas Rádio
Instituto Alberione
Rua Dona Inácia Uchoa, 62 – Bl A
Vila Mariana
04110-020 – São Paulo – SP (Brasil)
Tel.: (11) 2125-3595/2125-3596
e-mail: radio@paulinas.com.br

Sumário

Apresentação 5

1. Cura-me, Senhor, e serei curado! (CD faixa 1 – 3'22") 7
2. Ele carregou as nossas doenças! (CD faixa 2 – 3'23") 9
3. A oração feita com fé, salvará o doente (CD faixa 3 – 3'30") 11
4. Ele passou pelo mundo fazendo o bem... (CD faixa 4 – 3'33") 13
5. Filho, não te revoltes na tua doença! (CD faixa 5 – 3'39") 15
6. O Senhor perdoa suas culpas todas;
   cura os seus males e da morte salva (CD faixa 6 – 3'57") 17
7. Jamais se viu algo semelhante em Israel! (CD faixa 7 – 4'06") 19
8. Senhor, filho de Davi, tem compaixão de nós! (CD faixa 8 – 4'05")..21
9. Senhor, Senhor, salvai-nos! (CD faixa 9 – 4'05") 23
10. Coragem, filho, os teus pecados
    estão perdoados! (CD faixa 10 – 3'54")..25
11. Não são os que têm saúde que precisam de médico,
    mas somente quem está doente! (CD faixa 11 – 4'06") 27
12. Mulher, estás livre de tua doença! (CD faixa 12 – 3'30") 29
13. Coragem, filha! A tua fé te salvou! (CD faixa 13 – 3'51") 31
14. Alguém me tocou! (CD faixa 14 – 4'01")...33
15. "Vai também tu e faze o mesmo!" (CD faixa 15 – 4'21") 35
16. Vinde a mim vós todos que estais aflitos! (CD faixa 16 – 4'02") 37
17. Bênção da saúde (CD faixa 17 – 2'26") 39

Apresentação

Foi com a intenção de chegar aos corações oprimidos, atingidos pelos limites humanos, pelas angústias e esperanças, que Paulinas Rádio decidiu publicar mais este livro/CD com palavras de encorajamento e vida.

Diretores e apresentadores de programas radiofônicos terão neste livro/CD: *Cura-me, Senhor, e serei curado!* do conhecido autor, frei Luiz Turra, maravilhosos textos tirados da Bíblia sobre a cura, que muito os auxiliarão na missão evangelizadora de sua emissora. Cada passagem bíblica vem seguida de duas breves explicações: uma sobre a origem do texto, e outra sobre o texto em nosso contexto, concluindo, depois, com breve oração.

Para facilitar à pessoa que for usar este subsídio radiofônico, foi inserido, no final, o CD contendo a gravação de todo o texto e também o início das canções, de acordo com o tema refletido, as quais se encontram no CD com o mesmo nome, lançado por Paulinas/Comep.

A vida em plenitude que Jesus veio garantir com sua morte e ressurreição é dom para todas as pessoas. Uma vida saudável, na dimensão física, psicológica, social e espiritual faz parte do projeto de Deus e também de nossa responsabilidade pessoal e social. Tudo o que é humano interessa a Deus e está envolvido por seu amor criador e redentor.

Cristo chega a nós com uma missão ligada especialmente aos doentes: ele é o médico que não vem curar os que têm saúde, mas sim os doentes (cf. Mt 9,12-13). As doenças a que Cristo se refere são de toda espécie, não só as que atingem o corpo, mas também as doenças interiores e espirituais. As narrativas de curas ocupam um lugar central no Evangelho, cumprindo-se a profecia de Isaías: "Levou as nossas enfermidades e carregou as nossas doenças" (Mt 8,17).

As palavras do profeta Jeremias, pronunciadas em favor do povo, provado pelo sofrimento, podem ser um clamor de toda pessoa sensível e solidária com os outros, e confiante naquele que veio "para que todos tenham vida e a tenham em abundância" (cf. Jo 10,10).

Nosso desejo é que este livro/CD possa ajudar aquelas pessoas que buscam conforto e sentido para seu viver, suas lutas e vitórias.

Que Deus seja louvado pelos corações abertos e abençoe a todos.

1. Cura-me, Senhor, e serei curado!

(Jr 17,14-17)

Texto de frei Luiz Turra

TÉCNICA – CD *Cura-me, Senhor, e serei curado*, frei Luiz Turra, faixa 01.

LOC. 1 – NA ORIGEM DO TEXTO: Esta súplica do Profeta Jeremias brota de um profundo conflito interior por ter anunciado as duras consequências dos pecados de seus contemporâneos. Estas não se manifestam conforme havia dito, e o povo zomba dele. A súplica: "Cura-me"! Tem um sentido moral. O Profeta deseja ver-se livre desta situação angustiante, por não ser compreendido e por ver o povo distante de Deus. O que mais deseja é ter saúde plena para ajudar seu povo a acertar o caminho e não ser surpreendido pelo "dia da desgraça".

TÉCNICA – SOBE SOM 05" E CAI

LOC. 2 – EM NOSSO CONTEXTO: Por sonhar e desejar um mundo mais humano que escolhe a vida, não é difícil deixarmo-nos deprimir pelo cenário de descrenças que favorece a cultura da morte. Da necessidade do coração, da insuficiência da razão e do desgoverno de nossa vida, é que nasce o clamor constante: "Cura-me, Senhor, e serei curado!" (Jr 17,14).

TÉCNICA – SOBE SOM 05" E CAI

LOC. 1 – ORAÇÃO: Senhor, porque sonhamos tão alto e nos vemos tão pequenos e limitados; porque somos apressados e queremos que tudo se resolva de um momento para outro; tantas vezes ficamos confundidos e nos desequilibramos. Porque somos pobres e fracos, trazemos dentro de nós um coração ferido. Ajudai-nos, Senhor, nosso Deus! Salvai-nos segundo a vossa misericórdia (cf. Sl 108,22.26). Dai-nos saúde moral e física para podermos contribuir no serviço à vida e para que todos os povos vos reconheçam e vos amem. Assim seja!

TÉCNICA – SOBE SOM 05" E FINALIZA

2. Ele carregou as nossas doenças!

(Is 52,13-15 – Mt 8,16-17)

Texto de frei Luiz Turra

TÉCNICA – CD *Cura-me, Senhor, e serei curado*, frei Luiz Turra, faixa 15.

LOC. 1 – NA ORIGEM DO TEXTO: O Profeta Isaías apresenta o Servo de Javé, misterioso personagem. Ele passa da humilhação à glorificação. Até os reis ficarão surpreendidos e não se atreverão a pronunciar nenhuma palavra. Será tal a grandeza moral, manifesta neste Servo, e tão grandes serão os frutos de sua obediência e humilhação, que todos os povos cultivarão profunda admiração por ele. Mateus, no capítulo 8, depois de citar várias curas, evoca o cumprimento da profecia de Isaías, referindo-se ao Servo de Javé que tomou sobre si as nossas enfermidades e carregou nossas dores.

TÉCNICA – SOBE SOM 05" E CAI

LOC. 2 – EM NOSSO CONTEXTO: O Documento de Aparecida, nn. 139-140 nos diz: "No seguimento de Jesus Cristo, aprendemos e praticamos as bem-aventuranças do Reino, o estilo de vida do próprio Jesus: seu amor e obediência filial ao Pai, sua compaixão entranhável frente à dor humana, sua proximidade aos pobres, aos pequenos, sua fidelidade à missão... seu amor serviçal até a doação de sua vida... "Onde eu estiver, aí estará também o meu servo" (Jo 12,26).

TÉCNICA – SOBE SOM 05" E CAI

LOC. 1 – ORAÇÃO: Senhor, revelastes a toda a humanidade o vosso servo Jesus. Ele carregou as nossas doenças e levou em seus ombros as nossas dores. Contemplamos agradecidos a vossa compaixão por nós. Graças às suas chagas fomos curados. Senhor, nós éramos como ovelhas perdidas e fomos acolhidos e salvos pelo Bom Pastor, que deu a vida por todos. Por seus sofrimentos, vosso Servo justificará as multidões. Fazei que, nele, por ele e com ele, nos tornemos vossos servos no exercício da solidariedade que liberta e salva pelo amor. Amém!

TÉCNICA – SOBE SOM 05" E FINALIZA

3. A oração feita com fé, salvará o doente

(Tg 5,13-15)

Texto de frei Luiz Turra

TÉCNICA – CD *Cura-me, Senhor, e serei curado*, frei Luiz Turra, faixa 03.

LOC. 1 – NA ORIGEM DO TEXTO: A carta de Tiago é a primeira das cartas católicas, ou "universais", destinada aos cristãos da diáspora. É uma coleção de exortações. Ajuda os cristãos a se posicionarem nas diversas circunstâncias da vida. No contexto desta frase, Tiago mostra como a pessoa e a comunidade podem se portar diante da enfermidade. A Oração é também medicina para nossos males, fonte de coragem, conforto e meio de solidariedade. O reconhecimento e o arrependimento dos pecados torna mais eficaz a oração. No auge do sofrimento, Jesus ora ao Pai com todo o realismo e a ele entrega seu espírito.

TÉCNICA – SOBE SOM 05" E CAI

LOC. 2 – EM NOSSO CONTEXTO: Este texto de Tiago acompanha a celebração do Sacramento da Unção dos enfermos. Em sua solicitude materna, a Igreja torna presente o Cristo e a comunidade junto ao doente, para ungir, animar e interceder a cura. Roga-se para que a pessoa retome o seu caminho de normalidade. A unção de que fala a carta de Tiago tem valor religioso, pois é feita em nome do Senhor e acompanhada de orações. Sua finalidade não é unicamente o alívio das enfermidades, mas também a remissão dos pecados.

TÉCNICA – SOBE SOM 05" E CAI

LOC. 1 – ORAÇÃO: Ó Deus da vida, os recursos de vosso amor são infinitos. Vosso coração de Pai está sempre aberto e atento às nossas súplicas. Vós cuidais de nós e nos acompanhais em todas as circunstâncias da vida. Nada do que se passa conosco vos é estranho, nem mesmo nosso pecado e menos ainda nossas enfermidades. Por isso nos sentimos confiantes ao expressar a nossa súplica e pedir a vossa ajuda em nossas debilidades. Senhor, confiando-nos aos vossos cuidados estamos bem. Vosso perdão nos refaz e nos abre novos caminhos para uma vida mais saudável e rica de sentido. Dai-nos saúde, perdão e paz. Amém!

TÉCNICA – SOBE SOM 05" E FINALIZA

4. Ele passou pelo mundo fazendo o bem...

(At 10,34-38)

Texto de frei Luiz Turra

TÉCNICA – CD *Cura-me, Senhor, e serei curado,* frei Luiz Turra, faixa 07.

LOC. 1 – NA ORIGEM DO TEXTO: No primeiro discurso diante de um auditório não judeu, mesmo sem tanta familiaridade com a língua grega, Pedro fala com autoridade. A importância do momento fez com que suas palavras ficassem gravadas no coração e na mente dos ouvintes. Estes as passaram a Lucas, que as registrou nos Atos dos Apóstolos. Na ocasião, Pedro fez um resumo da vida de Jesus, a quem Deus constituiu Juiz dos vivos e dos mortos, de quem dão testemunho os profetas. "Ele passou pelo mundo fazendo o bem". Toda a atividade de Jesus se confirma no programa da ação cristã: fazer o bem e curar todos os que estão dominados pelo espírito do mal. Deus, que estava com ele, quer a vida e a superação de toda a forma de dominação e alienação.

TÉCNICA – SOBE SOM 05" E CAI

LOC. 2 – EM NOSSO CONTEXTO: "No rosto de Jesus Cristo, morto e ressuscitado, maltratado por nossos pecados e glorificado pelo Pai, nesse rosto doente e glorioso, com o olhar da fé podemos ver o rosto humilhado de tantos homens e mulheres de nossos povos e, ao mesmo tempo, sua vocação à liberdade dos filhos de Deus, à plena realização de sua dignidade pessoal e à fraternidade entre todos. A Igreja está a serviço de todos os seres humanos, filhos e filhas de Deus" (Documento de Aparecida, n. 32).

TÉCNICA – SOBE SOM 05" E CAI

LOC. 1 – ORAÇÃO: Senhor Deus, comunicastes em Jesus o Evangelho da vida e revelastes nele o vosso jeito de agir e vosso amor sem fronteiras. Ele passou pelo mundo fazendo o bem a todos e curando os dominados pelo espírito do mal. Vós estáveis com ele e por meio dele, dedicastes um cuidado especial aos oprimidos por toda a espécie de sofrimento. Senhor, como discípulos e missionários, nos dispomos a testemunhar vossa presença e atualizar vossa ação criadora e salvadora, fazendo o bem a todos e promovendo a justiça e a paz onde quer que estejamos. Amém!

TÉCNICA – SOBE SOM 05" E FINALIZA

5. Filho, não te revoltes na tua doença!

(Eclo 38,1-10)

Texto de frei Luiz Turra

TÉCNICA – CD *Cura-me, Senhor, e serei curado*, frei Luiz Turra, faixa 09.

LOC. 1 – NA ORIGEM DO TEXTO: Segundo o livro do Eclesiástico, um bom Israelita não pode se revoltar diante da enfermidade, mas elevar a Deus sua oração rogando a cura. É próprio da fé interceder também pelo médico para que acerte o diagnóstico e o tratamento. O médico, por sua vez, deve colocar sua ciência e habilidade a serviço da cura, para que todos preservem e cultivem uma justa qualidade de vida. A súplica de quem roga pela saúde deve ser acompanhada pelo sincero desejo de cumprir os mandamentos e manter-se fiel.

TÉCNICA – SOBE SOM 05" E CAI

LOC. 2 – EM NOSSO CONTEXTO: Para os humanos não é estranho o sentimento e a atitude de revolta diante da doença e do sofrimento. São diversas as manifestações que os traduzem e expressam: pode ser por palavras, por atitudes e até mesmo pelo extremo desespero. Porém, sabe-se que a revolta e a não-aceitação da realidade trazem ao sofrimento um peso dobrado. A maturidade da fé precisa chegar ao ponto de capacitar a pessoa a integrar o negativo como um fato humano que pode atingir a todos. Quando se chega a um alto nível de fé, é possível transformar a dor em louvor. Neste caso, lembramos que a oração pessoal e a oração solidária são uma grande força medicinal, mas não podem fazer com que se descuide da luta permanente pela saúde pública e pela possibilidade de acesso para todos.

TÉCNICA – SOBE SOM 05" E CAI

LOC. 1 – ORAÇÃO: Senhor, sabemos que todos estamos sujeitos à doença e à fragilidade. Nossa vida é como um tesouro em vasos de barro. Quando formos atingidos pela enfermidade, não permitais que nos revoltemos. A revolta nos tira a serenidade e a paz, dobrando o peso do sofrimento. Vosso Filho Jesus viveu a angústia da paixão e acolheu a sua hora abandonando-se em vossas mãos. Tornai-nos fortes na fé, pacientes nas provações e perseverantes na prece. Senhor, vós sois a nossa cura! Amém!

TÉCNICA – SOBE SOM 05" E FINALIZA

6. O Senhor perdoa suas culpas todas; cura os seus males e da morte salva

(Sl 102,1-3.4a)

Texto de frei Luiz Turra

TÉCNICA – CD *Cura-me, Senhor, e serei curado*, frei Luiz Turra, faixa 13.

LOC. 1 – NA ORIGEM DO TEXTO: O Salmista declara seu reconhecimento a Deus que o perdoa, cura-o dos males e o salva da morte. Por isso, com todo o seu ser bendize a benevolência que se confirma especialmente no perdão. A experiência fundamental do amor de Deus vem através do perdão, que cura a raiz do mal e refaz a vida. O amor libertador de Deus perdoa o pecado, cura a doença e salva da morte, que é consequência do pecado. Neste hino se ressalta a compaixão, a misericórdia e a bondade de Deus, e a dupla justiça e direito em favor dos oprimidos.

TÉCNICA – SOBE SOM 05" E CAI

LOC. 2 – EM NOSSO CONTEXTO: Como cristãos não podemos deixar de enaltecer os grandes avanços de nosso tempo e as tantas conquistas da habilidade humana. Porém, não podemos ficar indiferentes aos avanços da cultura da morte que traz muitos prejuízos e acumula temores em relação ao futuro da humanidade. Com facilidade lamentamos as consequências, mas temos dificuldade de buscar as causas. "Como discípulos de Jesus Cristo, sentimo-nos desafiados a discernir os 'sinais dos tempos', à luz do Espírito Santo, para nos colocar a serviço do Reino, anunciado por Jesus, que veio para que todos tenham vida e 'para que a tenham em plenitude' (Jo 10,10)" (Documento de Aparecida, n. 33).

TÉCNICA – SOBE SOM 05" E CAI

LOC. 1 – ORAÇÃO: Senhor, Deus da vida, sempre atento e cuidadoso com vossos filhos e filhas, acolhei nossa prece confiante, que fazemos desde o chão de nossa história. Vosso coração de Pai sempre perdoa as culpas, cura nossos males e nos salva da morte. Para vós tudo é possível! Desde a ressurreição de vosso Filho, caminhamos na luz e na esperança, no perdão e no amor, que eterniza nosso viver. Senhor, que em nenhuma situação de nossa vida, percamos a coragem e a confiança. Vós sois compaixão, misericórdia e bondade. Estais sempre pronto a nos libertar para vivermos em comunhão convosco e com nossos irmãos e irmãs, com vida saudável, no perdão e na paz. Amém!

TÉCNICA – SOBE SOM 05" E FINALIZA

7. Jamais se viu algo semelhante em Israel!

(Mc 7,32-37)

Texto de frei Luiz Turra

TÉCNICA – CD *Cura-me, Senhor, e serei curado*, frei Luiz Turra, faixa 11.

LOC. 1 – NA ORIGEM DO TEXTO: O encantamento do povo em relação a Jesus parte de sua humildade e do respeito como tratava e acreditava nos desacreditados. As falsas concepções que se tinha da intervenção messiânica por meio de promessas extravagantes e milagres fáceis levam Jesus a resguardar seus milagres e até mesmo sua identidade, amparando-se no silêncio. Porém, a multidão, em seu entusiasmo, aplica a Cristo as palavras do Profeta Isaías: "Então se abrirão os olhos do cego e os ouvidos dos surdos ouvirão; o coxo saltará como um cervo e a língua do mudo dará gritos de alegria" (Is 35,5-6).

TÉCNICA – SOBE SOM 05" E CAI

LOC. 2 – EM NOSSO CONTEXTO: "A Igreja tem feito opção pela vida. Esta nos projeta necessariamente para as periferias mais profundas da existência: o nascer e o morrer, a criança e o idoso, o sadio e o enfermo. Santo Irineu nos diz que 'a glória de Deus é o homem vivente', inclusive o fraco, o recém-concebido, o envelhecido pelos anos e o enfermo. Cristo enviou seus apóstolos a pregar o Reino de Deus e a curar os enfermos, verdadeiras catedrais do encontro com o Senhor Jesus.[...] O combate à enfermidade tem como finalidade conseguir a harmonia física, psíquica, social e espiritual, para o cumprimento da missão recebida" (Documento de Aparecida, nn. 417-418).

TÉCNICA – SOBE SOM 05" E CAI

LOC. 1 – ORAÇÃO: Senhor Deus, o povo simples encontra em Jesus, vosso Filho, uma nova resposta, na certeza que o Reino chegou. Assim, tudo de novo renasce de vós: é nova aurora nascendo; é fonte jorrando; é nova convocação no amor e um tempo novo que a história começa. Ele faz enxergar o que o povo não vê e faz ouvir o que o povo não ouve; revela ao pobre seu grande valor e garante vida a todos que creem. Senhor, nosso destino é a vida e não a morte! Nossa certeza se confirma naquele que nos disse: "Eu sou a Ressurreição e a vida"! Amém!

TÉCNICA – SOBE SOM 05" E FINALIZA

8. Senhor, filho de Davi, tem compaixão de nós!

(Mt 20,29-34)

Texto de frei Luiz Turra

TÉCNICA – CD *Cura-me, Senhor, e serei curado,* frei Luiz Turra, faixa 02.

LOC. 1 – NA ORIGEM DO TEXTO: Para chegar a Jerusalém, Jesus precisou passar pela bela cidade de Jericó. A proximidade da Páscoa atraía multidões nos arredores. No caminho, havia dois cegos sentados, que pediam esmolas. Ao ouvirem que Jesus estava passando e sabendo de suas maravilhas, começaram a gritar pedindo misericórdia. Dirigem-se a ele com o título messiânico "Filho de Davi". Jesus, desta vez, não mandou que se calassem, pois já estava próximo de Jerusalém como Messias. A fé dos cegos se torna ainda mais viva pela pergunta de Jesus: "O que quereis que eu vos faça?" – Merece destaque o fato de que, após a cura, eles o seguiram. Tornaram-se discípulos do Senhor.

TÉCNICA – SOBE SOM 05" E CAI

LOC. 2 – EM NOSSO CONTEXTO: "Nas grandes cidades é cada vez maior o número das pessoas que vivem na rua. Requerem da Igreja cuidado especial, atenção e trabalho de promoção humana, de tal modo que, enquanto se proporciona a elas ajuda ao necessário para a vida, que também sejam incluídas em projetos de participação e promoção nos quais elas próprias sejam sujeitos de sua reinserção social" (Documento de Aparecida, n. 407). Os cegos, curados por Jesus, o seguiram e se incluíram no grupo dos discípulos. Jesus não cura por curar, mas para revelar como são os sinais do Reino e como se pode participar para que este Reino venha a nós.

TÉCNICA – SOBE SOM 05" E CAI

LOC. 1 – ORAÇÃO: Senhor, são tantos no caminho da vida, à espera de um socorro, que venha da solidariedade. Há clamores que não cessam, e tantos ouvidos fechados que não escutam e não se importam. Senhor, vosso Filho Jesus, nos caminhos de Jericó escutou e acolheu o grito dos cegos que o reconheceram como Messias. Os sinais de vosso Reino foram se confirmando e os libertastes das trevas. Os cegos viram e seguiram Jesus. Senhor, que nossos olhos também se abram, a fim de vos reconhecermos como luz do mundo e nos tornarmos luzes entre os irmãos. Fazei-nos discípulos e missionários vossos, para que em vós, todos os povos tenham vida. Amém!

TÉCNICA – SOBE SOM 05" E FINALIZA

9. Senhor, Senhor, salvai-nos!

Lc 8,22-25)

Texto de frei Luiz Turra

TÉCNICA – CD *Cura-me, Senhor, e serei curado*, frei Luiz Turra, faixa 08

LOC. 1 – NA ORIGEM DO TEXTO: Este texto abre a sequência de quatro milagres de Jesus. Em escala ascendente manifestam o poder sobrenatural de Jesus e o crescente reconhecimento por parte dos discípulos. Jesus atravessava o mar, com os discípulos, para a terra dos pagãos. O fato vai constituindo uma ameaça à comunidade cristã. O mar agitado é símbolo desta tumultuada insegurança da fé que os discípulos viviam. Jesus confirma e revela-se Senhor da história e dos povos. Deus intervém no mundo com seu amor cuidadoso, mesmo quando parece dormir. Sua presença é a razão da confiança e da segurança. O medo dos discípulos revela a fragilidade da fé. Não conseguem se convencer que a ação de Jesus transforma as situações.

TÉCNICA – SOBE SOM 05" E CAI

LOC. 2 – EM NOSSO CONTEXTO: A consistência da fé se revela dentro do mar agitado da vida e da convivência humana. A vitalidade da Igreja não se prova tanto nos tempos de bonança e águas mansas, mas nos tempos de duras provações. A História nos confirma que os tempos das maiores perseguições e crises, foram quando surgiram numerosos e grandes santos. O que se diz em relação à Igreja, vale também na vida de cada cristão. Quando nos vemos ameaçados por ventos contrários, nada melhor do que firmar as raízes da fé para podermos garantir a nossa harmonia de viver e conviver, superar e continuar realizando a nossa missão. "Apesar de circunstâncias adversas, não estamos abandonados à nossa própria sorte. O Senhor da história caminha conosco e nos acompanha com seu espírito de vida" (*Diretrizes gerais da ação evangelizadora da Igreja no Brasil 2008-2010*, n. 23).

TÉCNICA – SOBE SOM 05" E CAI

LOC. 1 – ORAÇÃO: Senhor, não nos faltam ventos agitados na travessia de nossa história neste mundo. Nem nos faltam tempestades na vida familiar e na convivência social. Com frequência nos vemos inseguros e medrosos. Senhor, facilmente nos deixamos influenciar pelo que pensa a maioria e assim entramos na onda da insegurança. O respeito humano não nos deixa dizer aos outros a razão de nossa esperança. Preferimos nos omitir para não nos comprometer. Dai-nos a fortaleza e a sinceridade da fé para fazermos a travessia do mar da vida com dignidade e determinação, rumo ao Reino definitivo. Amém!

TÉCNICA – SOBE SOM 05" E FINALIZA

10. Coragem, filho, os teus pecados estão perdoados!

(Mt 9,1-8)

Texto de frei Luiz Turra

TÉCNICA – CD *Cura-me, Senhor, e serei curado,* frei Luiz Turra, faixa 06.

LOC. 1 – NA ORIGEM DO TEXTO: A doença e a culpa estão unidas, segundo o pensamento judaico. A remoção da culpa e a absolvição do passado são pressupostos da cura. Jesus perdoa e cura, porém não cobra pagamento da culpa como cumprimento da lei, nem por esmolas, votos, ou sacrifícios, como era costume. Ele mesmo assume o pecado e a dor da humanidade. O amor do Pai é gratuito. Sua maior glória é a pessoa viva, livre e feliz. A cura física do paralítico deixa a todos surpreendidos e passa a ser uma comprovação que seu poder de cura é total. Um homem entre os homens exerce sobre a terra a mesma autoridade que Deus exerce no céu. Vendo o acontecimento a multidão glorificou a Deus.

TÉCNICA – SOBE SOM 05" E CAI

LOC. 2 – EM NOSSO CONTEXTO: A multidão chega onde Cristo está. Aproximam-se dele e lhe apresentam o paralítico. Hoje, diante de tantos mecanismos que tentam paralisar as esperanças da humanidade, Bento XVI nos convida: "Abram, abram, de par em par, as portas a Cristo! [...] Só com esta amizade abrem-se as portas da vida. Só com esta amizade abrem-se as grandes potencialidades da condição humana. Só com esta amizade experimentamos o que é belo e o que nos liberta... Não tenham medo de Cristo! Ele não tira nada e dá tudo... Nele encontrarão a verdadeira vida" (Bento XVI, homilia no início de seu pontificado, 24 de abril de 2005).

TÉCNICA – SOBE SOM 05" E CAI

LOC. 1 – ORAÇÃO: Senhor, sabemos que somos pecadores. O pecado que rompe a comunhão convosco, com os outros e com o mundo é sempre uma ameaça que paralisa as esperanças da humanidade. Ó Deus, vosso amor Criador e Redentor faz chegar até nós o Filho Jesus e nos torna próximos dele. Aquele que não conheceu o pecado, o fizestes pecado por nós, para que nos tornássemos vossa justiça (cf. 2Cor 5,21). Senhor, hoje queremos continuar vos glorificando como a multidão que viu o paralítico perdoado e curado. Sede bendito pelo dom de vosso Filho Jesus, que revela o vosso mistério de amor e manifesta plenamente a nossa altíssima vocação. Amém!

TÉCNICA – SOBE SOM 05" E FINALIZA

11. Não são os que têm saúde que precisam de médico, mas somente quem está doente!

(Mt 9,9-13)

Texto de frei Luiz Turra

TÉCNICA – CD *Cura-me, Senhor, e serei curado*, frei Luiz Turra, faixa 12.

LOC. 1 – NA ORIGEM DO TEXTO: Esta oportuna sentença de Jesus parece uma verdade óbvia. Porém, ele tinha um endereço certo, paras as pessoas certas e para a hora certa. Estando na casa de Mateus, Jesus é rodeado por publicanos e pecadores. Pronto a confirmar a misericórdia, acima do sacrifício, Jesus rompe os esquemas sociais e religiosos que dividem os homens entre maus e bons, puros e impuros. Ao chamar um cobrador de impostos para ser seu discípulo e ao conviver com os pecadores, confirma que sua missão é salvar aqueles que a sociedade hipócrita exclui.

TÉCNICA – SOBE SOM 05" E CAI

LOC. 2 – EM NOSSO CONTEXTO: "Diante da exclusão, Jesus defende os direitos dos fracos e a vida digna de todo o ser humano. Diante das estruturas de morte, Jesus faz presente a vida plena.[...] Por isso, cura os enfermos, expulsa os demônios e compromete os discípulos na promoção da dignidade humana e de relacionamentos sociais fundados na justiça" (Documento de Aparecida, n. 112). A Igreja é chamada a resgatar, como nunca, a sua capacidade de reunir os "filhos dispersos de Deus". É aqui que a prática pastoral da acolhida, da aproximação, do diálogo e do exercício da misericórdia se justificam.

TÉCNICA – SOBE SOM 05" E CAI

LOC. 1 – ORAÇÃO: Senhor, reconhecemos nossa tentação de imaginar e querer uma Igreja de justos e perfeitos. Vosso modo de ver e amar nos mostra que "não são os que têm saúde que precisam de médico, mas somente quem está doente" (Mt 9,12). Viestes ao mundo como médico da humanidade e devotastes atenção preferencial para os doentes, pecadores e desprezados. Em cada página do Evangelho nos educais para viver e conviver no amor e na misericórdia. Confirmastes que quem mais merece nossa atenção é aquele que não chama a atenção. Por isso, é esquecido e desprezado. Vossas palavras e ações confirmam o quanto amais a vida e acreditais nas possibilidades de superação que há em cada ser humano. Fazei-nos também acreditar e confiar, integrar e promover a todos. Amém!

TÉCNICA – SOBE SOM 05" E FINALIZA

12. Mulher, estás livre de tua doença!

(Lc 13,10-17)

Texto de frei Luiz Turra

TÉCNICA – CD *Cura-me, Senhor, e serei curado,* frei Luiz Turra, faixa 10.

LOC. 1 – NA ORIGEM DO TEXTO: O drama da mulher "filha de Abraão" (Is 51,1-2), que há dezoito anos estava atormentada, oprimida e doente, pode simbolizar a situação do povo de Israel. A escravidão da lei, tolhia a possibilidade de erguer os olhos rumo à esperança. O chefe da sinagoga fixa-se no poder da lei para impedir o milagre da vida. Jesus chama isso de legalismo hipócrita. Não há o que esperar para cumprir o que diz o salmo: "Endireita os encurvados" (Sl 145,14; 146,8). Jesus está a caminho e não pode omitir-se de promover a vida. "Procurai o Senhor enquanto se deixa encontrar" (Is 55,6).

TÉCNICA – SOBE SOM 05" E CAI

LOC. 2 – EM NOSSO CONTEXTO: Quando os interesses pessoais são o horizonte da convivência social, ignoram-se os sofrimentos dos outros e se amontoam leis para defendê-los, mesmo à custa de vidas. "Bendizemos a Deus por nos fazer suas filhas e filhos em Cristo, por nos haver redimido com o preço de seu sangue e pelo relacionamento permanente que estabelece conosco, que é fonte de nossa dignidade absoluta, inegociável e inviolável" (Documento de Aparecida, n. 104). Em nossos dias cresce a consciência e também as ações que priorizam a vida. Há uma nova sensibilidade que não permite manter a pessoa encurvada e sem horizontes de vida e esperança.

TÉCNICA – SOBE SOM 05" E CAI

LOC.1 – ORAÇÃO: Senhor, não há preço que pague a liberdade. Não há sábado que possa impedir a vida! Obrigado, Senhor, porque nos cercais de tanto cuidado e proteção. Afastai o espírito de opressão que deixa tantas pessoas encurvadas e impedidas de olhar para frente. Erguei-nos e apressai nossos passos nos caminhos de um futuro novo. Restabelecei em nós o ânimo de viver e conviver. Libertai-nos de toda a forma de opressão que tira o sentido da vida e dai-nos a alegria de concretizar a nossa vocação e a missão que nos confiastes. Amém.

TÉCNICA – SOBE SOM 05" E FINALIZA

13. Coragem, filha! A tua fé te salvou!

(Mt 9,22)

Texto de frei Luiz Turra

TÉCNICA – CD *Cura-me, Senhor, e serei curado*, frei Luiz Turra, Faixa 16.

LOC. 1 – NA ORIGEM DO TEXTO: Em um mesmo instante duas situações se apresentam a Jesus. Um dos principais funcionários da sinagoga de Cafarnaum, chamado Jairo, implora a intervenção de Jesus diante da morte de sua filha. Jesus levanta-se para atender a Jairo. Uma mulher que padecia de uma hemorragia crônica aproxima-se de Jesus por traz e, escondida timidamente, mas com grande fé, tenta tocar sua veste. A mulher não queria ser percebida. Sentia-se envergonhada porque sua enfermidade implicava uma impureza legal. Imediatamente sentiu-se curada, não tanto pelo contato físico, mas pela fé.

TÉCNICA – SOBE SOM 05" E CAI

LOC. 2 – EM NOSSO CONTEXTO: Hoje existem tantas doenças escondidas e tantos doentes sem a merecida atenção. Há doentes que preferem não falar e ir morrendo no silêncio. Há tanta gente acometida por doenças crônicas que perderam a esperança da cura. Há filas intermináveis que buscam qualidade de vida e não encontram acolhida nos espaços que deveriam cuidar da saúde pública. Porém, por meio de tantos cristãos, Jesus continua caminhando no meio da multidão e se deixa tocar, ajudando na prevenção e na recuperação de tantos e tantas. É a Pastoral da saúde, a pastoral da criança, o aprimoramento de métodos e remédios alternativos, a pastoral hospitalar etc. Benditos cuidadores da vida, porque deles é o Reino do céu.

TÉCNICA – SOBE SOM 05" E CAI

LOC. 1 – ORAÇÃO: Senhor, dissestes à mulher que há doze anos vivia ameaçada pela hemorragia e pela discriminação da lei: "Coragem! A tua fé te salvou!" Deixai que estas palavras cheguem a nós com a força de vosso amor criador e redentor. Restabelecei em nós o equilíbrio de um viver saudável. Senhor, que nossa fé seja sempre mais verdadeira e forte, a fim de podermos estancar os desgastes de nossa vitalidade física, psicológica e espiritual. Fazei que jamais deixemos de buscar ajuda e de ajudar. Que a perseverança e a determinação nos mova ao encontro da verdadeira vida que está em vosso Filho Jesus Cristo. Amém!

TÉCNICA – SOBE SOM 05" E FINALIZA

14. Alguém me tocou!

(Lc 8,43-48)

Texto de frei Luiz Turra

TÉCNICA – CD *Cura-me, Senhor, e serei curado*, frei Luiz Turra, faixa 14.

LOC. 1 – NA ORIGEM DO TEXTO: Quando Jesus proclama que alguém o tocou, não pretende descobrir um culpado, mas apontar para um exemplo de fé manifesto por uma pessoa. Por doze anos ninguém pudera curar aquela mulher. Gastara fortunas sem nenhum resultado. Ao tocar a ponta do manto fica curada. A sua ação parece ter sido um roubo às escondidas. Em contrapartida, a ação de Jesus é imediata, eficaz e gratuita. É a força de Deus que a fé conseguiu evidenciar. Então, a mulher faz uma dupla confissão diante de todos: sua culpa cometida, ao tocá-lo em estado de impureza, e o milagre realizado por Jesus. Se houve culpa legal, fica absolvida e curada devido a sua fé.

TÉCNICA – SOBE SOM 05" E CAI

LOC. 2 – EM NOSSO CONTEXTO: "A maternidade da Igreja se manifesta nas visitas aos enfermos nos centros de saúde, na companhia silenciosa ao enfermo, no carinhoso trato, na delicada atenção às necessidades da enfermidade, através dos profissionais e voluntários discípulos do Senhor. Ela abriga com sua ternura, fortalece o coração [...]. O sofrimento humano é uma experiência especial da cruz e da ressurreição do Senhor" (Documento de Aparecida, n. 420). Como Cristo, nós, cristãos do século XXI, convivemos com multidões que sofrem e desejam encontrar remédio, acolhida e conforto. Tudo o que pudermos fazer a quem encontrarmos em nosso caminho não passará sem recompensa.

TÉCNICA – SOBE SOM 05" E CAI

LOC. 1 – ORAÇÃO: Senhor, todos os limites que encontramos nos movem a procurar um socorro que nos dê esperança e mais vida. Vós sois nossa força e fonte da vida saudável, que a nós se comunica no amor. Sabemos que vos antecipais e nos tocais com vossa graça, antes mesmo de tentarmos vos tocar em nossas buscas. Reconhecemos e agradecemos vossa proximidade em nosso caminho. Viestes para nós para podermos chegar até vós. Obrigado, Senhor, não só porque podemos tocar em vós, mas acima de tudo, por vos acolhermos na Palavra e na Eucaristia, na presença do pobre e de todos que precisam de nós. Amém!

TÉCNICA – SOBE SOM 05" E FINALIZA

15. "Vai também tu e faze o mesmo!"

(Lc 10,33-37)

Texto de frei Luiz Turra

TÉCNICA – CD *Cura-me, Senhor, e serei curado,* frei Luiz Turra, faixa 05.

LOC. 1 – NA ORIGEM DO TEXTO: É significativo o alcance da parábola quando recordamos a atitude dos judeus para com os samaritanos. Em Eclesiástico 50,25ss aparece clara a abominação dos primeiros em relação aos segundos. A parábola critica diretamente os judeus, os sacerdotes e os levitas, que, pelo fato de viverem de ofertas dos fiéis, eram obrigados ao serviço caritativo para com o próximo. Por outro lado, um odiado samaritano, ao passar em território inimigo, deveria sair o mais rápido possível dali. No entanto, é ele quem presta os primeiros socorros ao homem e o acompanha na hospedaria, assumindo todos os cuidados, até mesmo econômicos. Com esta parábola, Jesus deixa claro ao doutor da Lei que toda a pessoa é nosso próximo, especialmente quem está em necessidade. Cristo é o Bom Samaritano da humanidade ferida.

TÉCNICA – SOBE SOM 05" E CAI

LOC. 2 – EM NOSSO CONTEXTO: Se em nosso mundo está presente o sofrimento, sob todas as formas possíveis, quanto mais não devem estar presentes o amor e o acolhimento àquele que sofre? "O mundo do sofrimento humano almeja sem cessar, por outro mundo diverso: o mundo do amor humano" (*Salvifici Doloris,* n. 29). O amor-ágape é o amor totalmente desinteressado, capaz de sacrificar-se pelos outros. Só neste sentido se pode falar de solidariedade e amor fraterno. A parábola do bom samaritano "em si mesma, exprime uma verdade profundamente cristã, e ao mesmo tempo, muitíssimo humana universalmente" *(Salvifici Doloris,* n. 29). À medida que nos tornamos seguidores fiéis de Jesus Cristo, mais humanos passaremos a ser.

TÉCNICA – SOBE SOM 05" E CAI

LOC. 1 – ORAÇÃO: Senhor Deus, enviastes vosso Filho Jesus como o bom samaritano para socorrer a humanidade caída. Ele, que passou pelo mundo fazendo o bem, não apenas se inclinou ao nosso chão para nos erguer, mas pagou com o preço do seu sangue a nossa cura. Senhor, fazei que façamos o mesmo, assim como fez o bom samaritano. Jamais passemos indiferentes diante do próximo que necessita de socorro, nem encontremos desculpas para negar a caridade, pois seremos julgados pelo amor. Dai-nos olhos atentos para reconhecer nosso próximo caído, mente aberta para saber cuidar, coração sensível para socorrer e mãos generosas para estendê-las e prestar-lhe a devida ajuda. Fazei-nos solidários, acolhedores e promotores da vida. Amém!

TÉCNICA – SOBE SOM 05" E FINALIZA

16. Vinde a mim vós todos que estais aflitos!

(Mt 11-25-30)

Texto de frei Luiz Turra

TÉCNICA – CD *Cura-me, Senhor, e serei curado*, frei Luiz Turra, faixa 04.

LOC. 1 – NA ORIGEM DO TEXTO: Jesus reprova os fariseus porque "amarram fardos pesados e insuportáveis e os põem nos ombros dos outros, mas eles mesmos não querem movê-los, nem sequer com o dedo" (Mt 23,4). Na verdade, ele também tem um jugo a propor: "Tomai sobre vós o meu jugo". Diga-se de passagem, um jugo nada leve. Jesus mesmo diz: "Se alguém quer vir após mim, renuncie a si mesmo, tome sua cruz e siga-me" (Mt 16,24). Porém, em Jesus há uma diferença fundamental: ele foi o primeiro a tomar o "jugo" e carregá-lo. Ainda hoje garante levá-lo conosco. Por isso, pode afirmar que seu jugo é suave e seu peso, leve.

TÉCNICA – SOBE SOM 05" E CAI

LOC. 2 – EM NOSSO CONTEXTO: Hoje, como sempre, Cristo caminha conosco. Quem se arrasta atrás de seu jugo com fugas e desculpas é derrubado pelo tédio e abatido pela solidão. Jesus Cristo é o companheiro desta grande viagem que é a vida. "Entre vós está alguém que vós não conheceis" (Jo 1,26). Jesus está sempre ao nosso lado, carregando conosco o peso da vida, mesmo quando não o vemos, mesmo quando julgamos que se afastou, mesmo quando finge que vai embora, como o fez com os discípulos de Emaús. Haveremos de reconhecê-lo, se o nosso coração não se contenta com a terra, se a nossa inteligência não se fecha à luz que vem do alto. Com ele a vida resgata sua leveza. Então ele será o companheiro de nossa "travessia", que não nos permite desanimar, nem permanecer caídos.

TÉCNICA – SOBE SOM 05" E CAI

LOC. 1 – ORAÇÃO: Senhor, vós nos dissestes: "Vinde a mim vós que estais aflitos e eu vos aliviarei! Meu jugo é suave, meu peso é leve! Vinde a mim!" Viemos ao vosso encontro com nossos cansaços para buscar alívio! Carregamos convosco o peso de nossa vida para encontrar leveza e agilidade! Aqui estamos com o jugo de nosso compromisso de fé para apoiar-nos em vossos ombros. Senhor, sabemos que a porta larga e o caminho fácil conduzem à perdição, mas o caminho estreito, trilhado com a cruz do amor nos leva para a ressurreição. Amém!

TÉCNICA – SOBE SOM 05" E FINALIZA

17. Bênção da saúde

Texto de frei Luiz Turra

TÉCNICA – CD *Cura-me, Senhor, e serei curado*, frei Luiz Turra, faixa 17 (*toda*)

– O Senhor esteja conosco.
– Ele está no meio de nós.
– Oremos: Senhor nosso Deus, que enviastes o vosso Filho ao mundo para carregar as nossas enfermidades e levar sobre si as nossas dores, nós vos suplicamos por todas as pessoas doentes para que, com a paciência fortalecida e a fé renovada, superem a doença por vossa bênção, e voltem a gozar saúde por vossa ajuda.
– Por Cristo nosso Senhor.
– Amém.
– O Deus de toda a consolação, que cuida de todas as criaturas, vos dê a sua bênção.
– Amém.
– Deus Filho, que passou pelo mundo fazendo o bem e nos disse: "Vinde a mim, vós que estais aflitos, e eu vos aliviarei", vos dê a saúde.
– Amém.
– O Espírito Santo, força de vida, vos santifique e vos ilumine.
– Amém.
– Abençoe-vos Deus todo-poderoso, Pai e Filho e Espírito Santo.
– Amém.

TÉCNICA – SOBE SOM 05" E FINALIZA

Impresso na gráfica da
Pia Sociedade Filhas de São Paulo
Via Raposo Tavares, km 19,145
05577-300 - São Paulo, SP - Brasil - 2012